AFIRMACIONES POSITIVAS PODEROSAS

AFIRMACIONES POSITIVAS PODEROSAS

El poder de las afirmaciones para atraer éxito y prosperidad

AFIRMACIONES POSITIVAS PODEROSAS

INDICE

Prólogo

Capítulo 1: La verdad sobre las afirmaciones

Capítulo 2: Por qué es crucial cambiar su perspectiva

Capítulo 3: Cómo las afirmaciones son clave para alterar su comportamiento

Capítulo 4: Establecimiento de metas para poner en forma de afirmación

Capítulo 5: Cómo escribir afirmaciones correctamente

Capítulo 6: Cómo usar las afirmaciones correctamente

Capítulo 7: Por qué necesita visualizar

Capítulo 8: Errores a evitar con las afirmaciones

Capítulo 9: Algunas afirmaciones positivas que puede utilizar

Capítulo 10: Cómo el éxito puede quedarse corto sin afirmaciones

Conclusión

AFIRMACIONES POSITIVAS PODEROSAS

Prólogo

Amar la vida con optimismo es vivir con ver más de las cosas soleadas de la vida. Las afirmaciones positivas como medio de pensamiento pueden ayudar a una persona ver la vida desde una perspectiva más colorida.

El optimismo es una perspectiva en la vida con una visión del mundo como un lugar positivo. Al hacerlo, una vida fantástica hace que valga la pena amarla. La investigación en las ciencias ha demostrado que el optimismo puede afectar enormemente no sólo a la forma de pensar de uno, sino también a su forma de vida. Parece que hay muchas cosas estrechamente relacionadas con una visión positiva.

El pensar en lo positivo parece estar fuertemente afiliado a la autoestima de uno mismo. El pensamiento positivo parece ayudar a mejorar el bienestar psicológico y mental de una persona.

El pensamiento positivo parece ayudar a más individuos a evitar que se vean demasiado afectados por el estrés y por los problemas que se les puedan presentar.

 AFIRMACIONES POSITIVAS PODEROSAS

Capítulo 1: La verdad sobre las afirmaciones

La práctica diaria de las afirmaciones es algo bueno para ejercitar. Las afirmaciones ayudan a construir una persona si se hacen con la intención positiva de hacerlo. Sin embargo, a veces las afirmaciones pueden funcionar para dar los resultados opuestos.

El punto de partida

Una forma de ejercer la técnica de la afirmación es a través de la declaración oral. La verbalización de declaraciones positivas para describir y relacionarse con un tema en particular sería muy efectiva si se hace de manera consistente y continua.

Cuando la afirmación es verbalizada, a menudo la mente subconsciente la absorbe y produce la acción de respuesta positiva. Sin embargo, demasiada afirmación donde realmente no es merecida causará que una persona en el extremo receptor de la afirmación sea demasiado confiada e incluso egoísta.

El uso de la técnica de afirmación es una gran manera de motivarte a tí mismo o a los que te rodean. Cuando se está en una situación desesperada o de crisis, esta forma útil de mantener el nivel y el enfoque de la mente es una ventaja.

Desafortunadamente para la mayoría de las

personas la afirmación se usa más de manera negativa que positiva. Al afirmar repetidamente una declaración negativa ya sea verbalmente o en el proceso de pensamiento, esta afirmación está en efecto jugando un papel convincente para producir eventualmente el resultado negativo que pregona.

Las afirmaciones incrustadas en el consciente y en el inconsciente tienen un funcionamiento similar al de un sistema informático. Es decir, el ordenador sólo puede funcionar con los programas de los que se ha alimentado. Pedirle a la computadora que haga un trabajo que no conoce es algo que simplemente no puede o no quiere hacer.

De manera similar, si la afirmación que se le

da a la persona a lo largo del tiempo está en forma negativa, entonces el producto de las acciones también se inclinará hacia lo negativo.

Cuando la mente subconsciente ya está programada para una cierta teoría o manifiesto, entonces es poco probable que la mente pueda contrarrestar estos hechos aceptados a los ojos de la mente.

Capítulo 2: Por qué es crucial cambiar su perspectiva

Todos tienen un conjunto de afirmaciones en su subconsciente que han sido programadas a lo largo de los años, ya sea por ser dichas o simplemente por formar estas afirmaciones por sí mismas.

Si las afirmaciones son de naturaleza positiva, entonces todo está bien, pero si las afirmaciones son siempre de naturaleza negativa, entonces se pueden desarrollar serias consecuencias en la vida de un individuo.

Información importante

Sabiendo que las afirmaciones son declaraciones hechas con intenciones específicas de hacer un juicio de clase, estas declaraciones pueden no ser siempre verdaderas. Sin embargo, el uso de las afirmaciones para crear un resultado positivo es todavía posible y completamente aceptable.

A veces hay una necesidad de cambiar una afirmación ya aceptada desde hace mucho tiempo que no está contribuyendo al bienestar de una situación o persona. Si la afirmación continúa jugando un papel influyente sin ser revisada, entonces el producto de esta afirmación siempre será tan negativo como se espera.

AFIRMACIONES POSITIVAS PODEROSAS

Las afirmaciones negativas puestas en la mente de un joven pueden afectar a la persona como adulto. Mucha gente que pasa por períodos difíciles en sus vidas no tiene ni idea de cómo salir de la situación negativa debido a las afirmaciones negativas largamente incrustadas en su subconsciente.

Reemplazar lenta y conscientemente estas afirmaciones negativas por otras positivas es una forma de recuperar el control de la dirección de la vida.

Tomar la iniciativa para empezar a utilizar las afirmaciones positivas en cada oportunidad es un buen hábito a cultivar. Las personas que son capaces de dar siempre afirmaciones positivas son personas felices y

populares de hecho.

Todos quieren estar en su compañía y disfrutar de la afirmación positiva que parecen ver en todo.

Crear una "nueva" realidad en el ojo de la mente es también algo que con la ayuda de la afirmación positiva se puede hacer. Alimentar constantemente el proceso de pensamiento con afirmaciones positivas ayuda a construir los niveles de confianza y esto a su vez se muestra claramente en el comportamiento individual y la vida diaria.

Capítulo 3: Cómo las afirmaciones son clave para alterar su comportamiento

Una perspectiva positiva en la vida es un subproducto de muchas afirmaciones positivas. Lo mejor que cualquiera puede tener para construir y mantenerse fuerte mental y físicamente es una mentalidad sana y positiva.

Por lo tanto, mucha afirmación positiva es una forma de contribuir a este estado saludable.

Alterar las acciones

Las afirmaciones positivas y las técnicas de pensamiento positivo son una combinación imbatible y poderosa. Ambos elementos juntos ayudan a construir una actitud poderosa y positiva hacia la vida en general.

Armado con este estado mental positivo un individuo es capaz de cambiar el fracaso en éxito, potencialmente un escenario de mala salud en un certificado de salud limpio. Una vez que se ven los efectos deseados, la afirmación animará aún más a llevar todo al siguiente nivel de éxito.

Esta técnica de afirmación es un prerequisito

en cualquier programa de capacitación donde la meta es motivar a los participantes para que se empoderen a sí mismos para hacer grandes avances positivos en sus respectivas vidas.

Algunos sectores incluso dan testimonio del hecho de que la afirmación positiva contribuye a las técnicas psicológicas sólidas que crean el elemento de empoderamiento personal necesario que desarrolla la actitud positiva hacia la vida en general.

Esta conexión con la confianza interna crea y extiende aún más esta conexión con el universo, potenciando así una fuerza de éxito aún mayor y la unidad y mentalidad positiva definitiva.

Algunas áreas específicas pueden ser abordadas con la habilidad de practicar diariamente la afirmación positiva constante. Estas áreas incluyen la salud y la curación, donde también se fomenta la meditación. La abundancia, que puede ser adquirida por la visualización y los pensamientos de afirmación. El factor amor y romance se adquiere practicando primero el amor incondicional y la auto-aceptación.

La pérdida de peso y los problemas de autoestima se abordan vitalizándose con un buen entrenamiento físico. La paz y la armonía, la alegría y la felicidad son posibles con la afirmación del perdón consciente, la gratitud y la toma de responsabilidad de la propia vida.

Capítulo 4: Establecimiento de metas para poner en forma de afirmación

Establecer metas en la vida es una buena manera de practicar lo positivo por producto de las afirmaciones. Afirmar las metas ayuda a mantener la mente enfocada en ver la meta alcanzada.

Usar la técnica de afirmación para condicionar la mente para lograr las metas establecidas es muy beneficioso para obtener tu terminación y éxito.

Lograr

Mientras que establecer metas es algo fácil de hacer y requiere muy poco pensamiento y energía, verlas completadas con el elemento de éxito adjunto es otro problema completamente distinto.

La afirmación, la visualización y muchos otros factores ayudan a darte la energía y el poder necesarios para crear la mente establecida para alcanzar la meta. A continuación se presentan algunas sugerencias de posibles metas que pueden utilizar la técnica de afirmación para alcanzar tus objetivos.

- Procurar. Este es un hábito difícil de romper y a menudo causa efectos perjudiciales. Sin embargo, con el uso de la afirmación para sugerir subconscientemente las ventajas de realizar la tarea con prontitud, eres lentamente capaz de destetarte de este hábito. Aprender a evitar la postergación con la afirmación positiva permitirá eventualmente que el hábito se borre completamente.

- Usar la afirmación para liberar el miedo mental que acompaña a cualquier situación es también crucial para el éxito en el logro de la meta. Cuando el factor miedo ya no es una característica dominante en el proceso de pensamiento, no hay pánico y por lo tanto la mente es capaz de concentrarse en la meta en cuestión.

 AFIRMACIONES POSITIVAS PODEROSAS

- Escribir las ideas de la meta y mantenerlas en un lugar donde se puedan ver, a menudo afirma la mente para mantenerse enfocada en la meta y no distraerse con otras cosas.

- La afirmación ayuda a contrarrestar positivamente cualquier duda que pueda surgir en el camino hacia el logro de la meta. Sin embargo, es importante asegurarse de que las dudas sean infundadas antes de descartarlas o someterlas a una afirmación positiva.

Capítulo 5: Cómo escribir afirmaciones correctamente

Escribir afirmaciones no es algo inusual o nuevo. De hecho, se ha practicado y fomentado durante mucho tiempo por oradores motivadores, maestros y otros tipos de promotores de auto-empoderamiento de "construcción".

Hágalo bien

Hay varios métodos disponibles para aquellos interesados en utilizar las técnicas de afirmación como una forma de vida. Tal vez el que más se recomienda es el estilo de las afirmaciones escritas. Este estilo particular de afirmación tiene beneficios muy positivos y poderosos.

A continuación se presentan algunas claves sobre cómo escribir y usar las afirmaciones correctamente:

- Escribir la afirmación usando el tiempo presente. Cuando la afirmación se escribe en tiempo presente, crea un patrón en la mente para identificar y estar de acuerdo con el cuerpo y los elementos que te rodean para crear las circunstancias necesarias en el presente. Esto ayuda a mantenerte en la ejecución de cualquier acción inmediatamente y no en un futuro lejano. Lo que a su vez mantiene a raya el hábito de la postergación.

AFIRMACIONES POSITIVAS PODEROSAS

- Utiliza la voz interior para estar de acuerdo con la afirmación escrita. Escribir una afirmación que posiblemente esté ligada a expectativas irreales no permitirá que el cuerpo y la mente trabajen juntos para lograr el objetivo deseado. La voz interna debe estar de acuerdo con la meta establecida y la afirmación puede ayudar a que esto suceda.

- Manten lo escrito corto y al grano. Si la mente está cansada o perezosa, difícilmente va a leer una larga y aburrida afirmación, no importa lo bien que esté redactada. Apégate a los puntos importantes que necesitan ser afirmados.

- La afirmación escrita debe ser creíble. Si hay alguna duda relacionada con la afirmación, entonces la mente no puede convencer a las otras partes del cuerpo para que trabajen hacia la meta.

- Desear de verdad la afirmación hecha. Si el deseo es poderoso, la afirmación se vuelve mucho más poderosa. Por lo tanto, asegúrate de que la meta es realmente y verdaderamente lo que se desea, porque la afirmación positiva hará que se cumpla.

Capítulo 6: Cómo usar las afirmaciones correctamente

Tener un conjunto de afirmaciones en la vida es algo bueno para poder recurrir a ellas. Sin embargo, tener un conocimiento sólido sobre cómo utilizar mejor la afirmación en beneficio de la positividad es un desafío. Cuando el arte de la afirmación se usa mal, no tiene valor para nadie, o peor aún, provoca energía negativa.

Poniéndolo a trabajar

Por lo tanto, es prudente aumentar las

posibilidades de tener una eficacia completa al ejercer estas afirmaciones sabiendo cómo utilizarlas correctamente.

Cuando diseñes y uses la afirmación, házlo siempre en tiempo presente. Si se hace referencia al futuro, entonces no hay una línea de tiempo específica o una urgencia en la afirmación.

Usar afirmaciones que tienen un verdadero sentido es una forma correcta de hacerlo. Inventar afirmaciones que son imposibles y luego verbalizarlas es simplemente ridículo y no se puede engañar a la mente todo el tiempo.

Expresar emoción y sinceridad cuando se hace referencia a la afirmación es lo que genera la pasión y el hambre por ver la meta de la afirmación realizada. La mente y el universo serán uno en acuerdo basado en el fervor de la afirmación.

Apegarse firmemente a una afirmación hecha es la manera de asegurar que el poder y el enfoque permanezcan constantes. También permite que la afirmación sea rastreada más claramente.

Ten unas cuantas afirmaciones seleccionadas que sean creíbles. De esta manera el cerebro y el cuerpo pueden estar de acuerdo con la afirmación en el trabajo conjunto sin ser confundidos.

Saludar el día con las redes de anuncio de la afirmación ayuda a recordar y mantener viva la afirmación y la meta pretendida.

A veces es necesario recordar constantemente las afirmaciones, por lo que escribirlas en pequeñas tarjetas y llevarlas consigo abundan mientras que referirse a ellas ocasionalmente durante el día es una buena herramienta de recordatorio.

Capítulo 7: Por qué necesita visualizar

La visualización es una herramienta muy poderosa que puede ser utilizada para casi cualquier propósito. Para dar más credibilidad a una afirmación, la visualización puede llevarla a otro nivel de la realidad. Esta realidad en el ojo de la mente ayuda a crear una energía positiva que se centra en seguir la afirmación hasta el final de tu objetivo.

Véalo

Sin embargo, no hay que confundir los términos "day dreaming" y "técnicas de visualización". Mientras que el sueño diurno no estimula realmente a la persona a alcanzar una meta, la visualización sí lo hace, especialmente si se combina con el elemento de afirmación. Ver algo en el ojo de la mente como real de alguna manera trasciende a lo físico por medio de trabajar realmente para lograr lo que se ha visualizado.

El subconsciente entonces le recordará constantemente a la mente que esté alerta para encontrar formas y medios de probar que la afirmación es verdadera o de llevarla al reino de la realidad. Esto tendrá un impacto físico del cuerpo que enviará mensajes químicos a través del cuerpo para responder en consecuencia.

Si la afirmación está etiquetada en un objeto material, visualizar la propiedad de dicho objeto también ayuda a fortalecer aún más la resolución de lograr la meta detrás de la afirmación.

Se han hecho muchos avances en el campo de la medicina o la curación al promover el uso de la afirmación visual. Para que el proceso de curación alcance su máximo potencial, es necesario utilizar tantas herramientas de apoyo como sea posible.

Por lo tanto, se alienta la visualización de la recuperación completa de la condición médica negativa usando la afirmación visual. También ayuda a comprender mejor el problema médico y a no tener miedo de él. Al no tener miedo y entender el funcionamiento de la enfermedad, la afirmación positiva sobre la enfermedad es efectiva. La visualización permite cierto nivel de control sobre el éxito de la afirmación.

Capítulo 8: Errores a evitar con las afirmaciones

Como en todo, hay puntos buenos y malos. La afirmación es una gran herramienta para tener frente a las adversidades que requieren una mentalidad positiva. Sin embargo, incluso el elemento de la afirmación cuando no se utiliza correctamente puede ser inútil. De ahí que estos sean algunos puntos que deben ser considerados con respecto a la afirmación.

Los errores

Rendirse con demasiada facilidad es una de las razones comunes por las que los objetivos no se alcanzan ni siquiera con la ayuda de una afirmación positiva. La creación de una especie de rutina ayuda a reforzar la afirmación diaria y así lograr el efecto duradero de construir sobre sí misma.

La idea es que cada vez que se verbalice o se utilice la afirmación, la mente resultante se pondrá en marcha y la confianza se magnificará. Por lo tanto, si se abandona demasiado pronto en la carrera hacia la meta, la afirmación no tiene la oportunidad de manifestarse positivamente.

No varíe demasiado las afirmaciones. De hecho, sería una buena idea apegarse a una afirmación hasta que los resultados deseados empiecen a tomar "forma". El peligro de tener demasiadas afirmaciones diferentes es que la mente se confunde y no puede concentrarse en las diversas afirmaciones y, por lo tanto, no se experimentan avances reales. Dedicar una afirmación a un proyecto a la vez es muy sabio.

La habilidad de enfocar la atención en la afirmación es también otro punto crucial a seguir. Cuando esto no se hace la mente no puede enfocarse en la meta apropiadamente y por lo tanto no se obtienen resultados reales. La falta de atención regular enfocada en la afirmación se traduce en que la mente no puede manifestar ninguna proyección positiva para que el cerebro la procese.

Si uno es capaz de hacer un esfuerzo consciente para evitar cometer todos los errores mencionados anteriormente, entonces quizás haya una muy buena posibilidad de poder hacerlo.

Capítulo 9: Algunas afirmaciones positivas que puede utilizar

A veces, si no la mayoría de las veces, las personas necesitan una afirmación positiva para ayudarles a lo largo de los sinuosos caminos de la vida. Estas afirmaciones mantienen a las personas enfocadas en la meta final y proveen las herramientas necesarias para perseverar.

Algunas sugerencias

A continuación se presentan algunas de las diversas afirmaciones positivas que cualquier persona puede adoptar en su vida diaria para ese impulso adicional en la dirección de la lucha.

- Ser positivo sobre el hecho de pedir y obtener todo lo que se pide, ayuda a construir la confianza en el arte de la afirmación en sí. Esto se fortalece aún más cuando hay signos de resultados positivos.

- Estar seguro de que todo lo que se recibe es más que suficiente e incluso en abundancia hace que se prepare positivamente en términos de expectativas.

- La visualización de una cuenta bancaria desbordante y saludable es sin duda el resultado más bienvenido y deseado.

- La afirmación de que todo esfuerzo que se emprende trae abundantes resultados positivos ayuda a dar lugar al nivel de compromiso con el éxito.

- La afirmación constante de estar en el extremo receptor de las cosas buenas, es un gran motivador y atractivo ya que esto da a los que están alrededor un sentido de éxito también.

- Verse a sí mismo como una persona totalmente exitosa afecta tanto al cuerpo como a la mente. Con esta mentalidad, las personas piensan, actúan y se comportan de manera diferente y con una actitud positiva a su alrededor.

AFIRMACIONES POSITIVAS PODEROSAS

- Afirmar el hecho de que toda empresa termina en un éxito total e ilimitado no sólo atrae un mayor nivel de confianza, sino que también atrae a personas poderosas al círculo inmediato.

- El éxito llega sin esfuerzo, es la última afirmación en la que se debe confiar totalmente. Una de las afirmaciones más deliciosas que se pueden tener.

- La mentalidad que cree en ser un imán de personas positivas de mentalidad similar abre oportunidades que de otra manera no existirían.

- Tener el efecto de ser contagioso cuando se trata del éxito, es principalmente la razón por la cual la mayoría de las personas exitosas se mantienen unidas.

- Afirmar el amor por el camino particular elegido. Las personas que aman lo que están haciendo, son personas felices de hecho, y a todos les gusta estar alrededor de personas felices.

- Hacer amigos a partir de relaciones de negocios poderosas

Capítulo 10: Cómo el éxito puede quedarse corto sin afirmaciones

Tener afirmaciones para ayudar a alcanzar una meta es muy útil, sin embargo, incluso con las afirmaciones en su lugar a veces la meta nunca llega a su punto deseado. Hay muchas razones posibles para estos fenómenos.

Lo que debes saber

Aprender a rechazar ofertas a pesar de que las ofertas son muy lucrativas es una forma de no alcanzar la meta establecida. Cuando no hay una afirmación firme en la situación o en la persona, se pueden perder oportunidades simplemente porque parecen abrumadoras.

Sólo se puede superar todas las expectativas si existe la presencia de la afirmación. La afirmación proporciona el tan necesario empuje para lograr más de lo previsto, por lo tanto, sin ella sólo se pueden obtener resultados y estándares mediocres.

Detenerse a saborear todos y cada uno de los progresos observados, ya sean grandes o pequeños, es fundamental para mantener la afirmación beneficiosa. Al darse cuenta y reconocer el progreso que el elemento de la afirmación logra, también se fortalece a sí mismo a un nivel diferente y más poderoso y sin este impulso de confianza las cosas

pueden decaer.

La pasión es un elemento que mantiene la mayoría de las cosas vivas y constantemente alcanzando nuevas alturas. Sin la afirmación para mantener la pasión viva, el éxito puede ser esquivo e inalcanzable.

Conclusión

El éxito se queda corto cuando no se forman buenos hábitos. La afirmación ayuda al individuo a apoyarse en el logro de la meta debido a los buenos hábitos que promueve a lo largo del camino para mantener la meta "viva". Crear y mantener buenos hábitos a través de la afirmación diaria potencia el éxito y la meta.

No es raro que se quede corto varias veces cuando se persigue una meta. Sin embargo, sin la adecuada afirmación positiva es poco probable que puedas estar a la altura de las circunstancias aprovechando los poderes de reserva desconocidos que cada persona tiene.

Visita nuestra página de autores en Amazon! ¡Y consigue más MENTES LIBRES!

http://amazon.com/author/menteslibres

Si lo deseas, puedes dejar tu comentario sobre este libro haciendo clic en el siguiente enlace para que podamos seguir creciendo! ¡Muchas gracias por tu compra!

https://www.amazon.com/dp/B083THRRCL

www.ingramcontent.com/pod-product-compliance
Lightning Source LLC
LaVergne TN
LVHW010228030225
802801LV00012B/1240